AF554376

Ecole d'Application de l'Artillerie et du Génie.

Fortification Permanente.

2e Partie.

3e Section.

Détails des Cuirassements employés dans la Fortification.

Par
le Capitaine du Génie Simoutre
Professeur-Adjoint.

Planches.

2e Edition.

Février 1892.

Lithographie de l'Ecole d'Application de l'Artillerie et du Génie.

2e Partie. — 3e Section.

Table des Figures.

Numéros des figures.	Objet des Figures.	Pages correspondantes du texte
1	Casemate cuirassée en fer laminé contre le canon de campagne	11
2	Casemate cuirassée en fonte dure contre le canon de siège:	14
2	d° — d° — coupe longitudinale	
2 (suite)	d° — d° — Coupe transversale	
2 (suite)	d° — d° — Coupe horizontale	
2 (suite)	d° — d° — Détails de la manœuvre du verrou	
3	Tourelle française en fonte dure contre le canon de siège	19
3	d° — coupe verticale par l'axe de la chambre de manœuvre	
3 (suite)	d° — coupe de l'escalier et élévation extérieure de la tourelle	
3 (suite)	d° — Coupes horizontales	
4	Tourelle allemande Grüson en fonte dure:	26
4	d° — coupe verticale entre les deux canons	
4 (suite)	d° — Vues et coupes en plan	
5	Tourelle française de St Chamond en fer laminé (Type expérimenté à Bucharest)	37
5 bis	Tourelle tournante de St Chamond en fer laminé (Type présenté après les expériences de Bucharest)	64
5 bis	Coupe verticale par l'axe d'une embrasure; vues et coupes en plan	
5 bis (suite)	d° — Coupe transversale et Coupe longitudinale	
5 bis (suite)	d° — Détails d'organisation des maçonneries	
6	Coupe allemande Grüson dite: « Affût cuirassé Schumann	47
6	d° — Coupe longitudinale et plan	
6 (suite)	d° — Coupe transversale et détails	
7	Tourelle à éclipse pour canons de gros calibre (Type du Lt Colonel du Génie Bussière)	67
7	d° — Tourelle éclipsée	
7 (suite)	d° — Tourelle en batterie	
8	Tourelle hydrostatique à éclipse du Colonel du Génie Souriau	80
9	Tourelle oscillante (Type de 1888 du Commandant Mougin)	81
10	Abri cuirassé du Major Schumann pour mortier de gros calibre	85
11	Tourelle à éclipse pour canons de petit calibre à tir rapide	112
12	Observatoire cuirassé à éclipse (Type du Commandant Mougin)	119
13	Tourelle transportable pour pièce légère à tir rapide	120

2e Partie. — 3e Section.

Table des Figures.

Numéros des figures	Objet des Figures.	Pages correspondantes du texte.
Planche A	Détails d'organisation des Éléments des Tourelles cuirassées pour canons de gros calibre	86
fig. a	Couronne en acier supportant le cuirassement mobile	90
	Galets de roulement coniques et indépendants	96
" b	Cornière à talon réunissant le cuirassement mobile au caisson cylindrique	90
" c	Cuirassement mobile reposant sur une sablière en acier. – Roulement sur boulets en acier. Frein à sabot pour le calage en azimut. – Couvre-joint circulaire en chanvre du caisson cylindrique. – Trou d'homme débouchant dans le chenal sous l'avant-cuirasse	90, 96, 93, 98, 99 ; 93
" d	Profil du cuirassement mobile d'une tourelle à éclipse	91, 92
" d'	d° (autre profil)	91
" e	Fers à T supportant les joints de la toiture. – Couvre-joint en caoutchouc du caisson cylindrique	90
" f	Couvre-joint en tôle	94
" g	Double appareil de rotation générale et de mise au point de la tourelle	98
	Frein à mâchoires pour le calage en azimut	99
" g'	Appareil unique de rotation commandé de l'intérieur de la tourelle	99
" h	Tourelle armée de canons sans recul ; obturateur d'embrasure (Type Krupp)	101
" h'	d° d° (Type de St Chamond)	101
	Tourelle armée de canons avec recul ; obturateur d'embrasure indépendant du cuirassement :	
" k	d° d° Type de St Chamond	102
" l	d° d° Type de Montluçon	102

Décembre 1890.

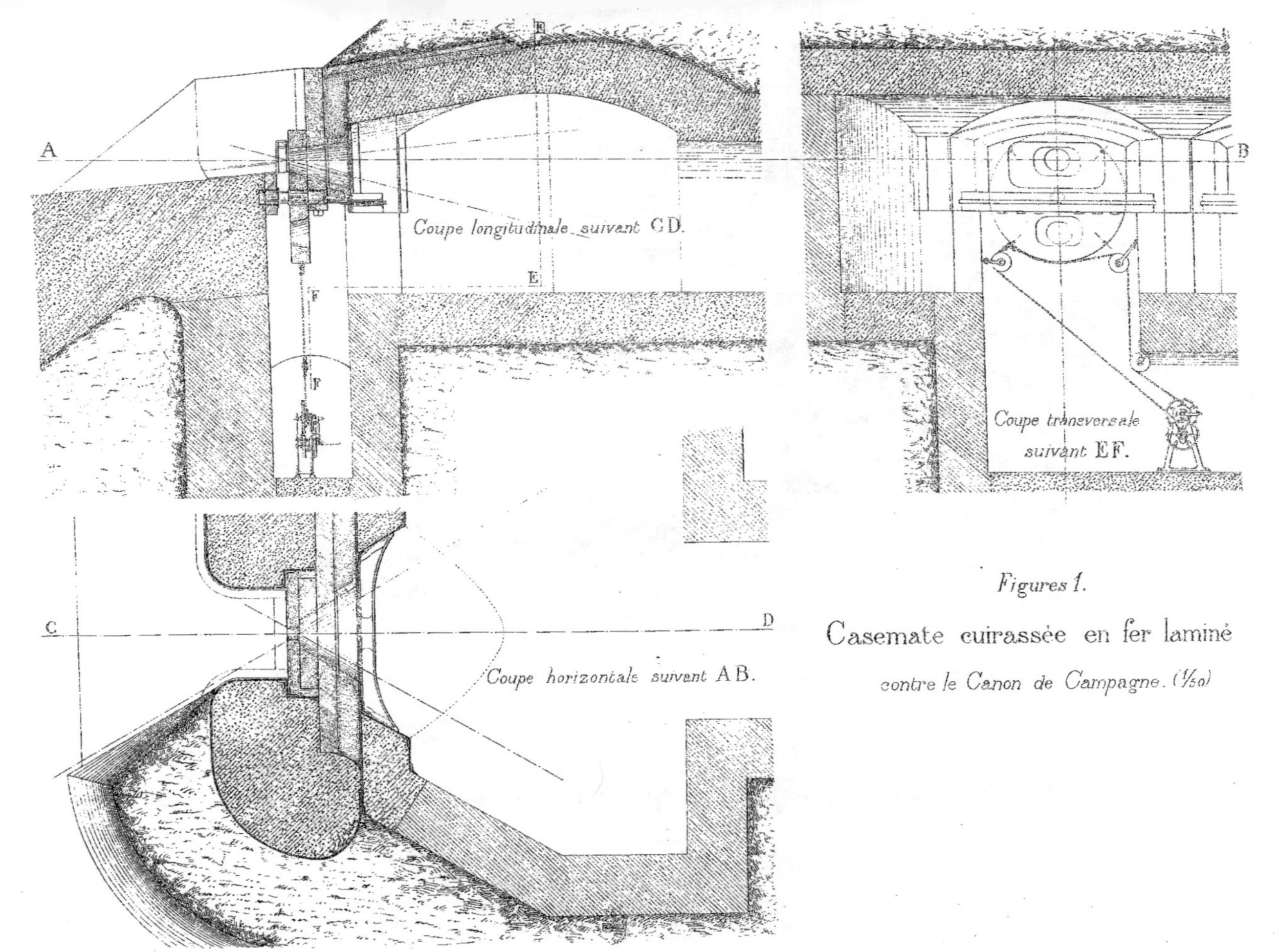

Figures 1.

Casemate cuirassée en fer laminé

contre le Canon de Campagne. (1/50)

Figures 2.

Casemate cuirassée, en Fonte dure, contre le Canon de Siége.

Coupe longitudinale.

$\left(\frac{1}{50}\right)$

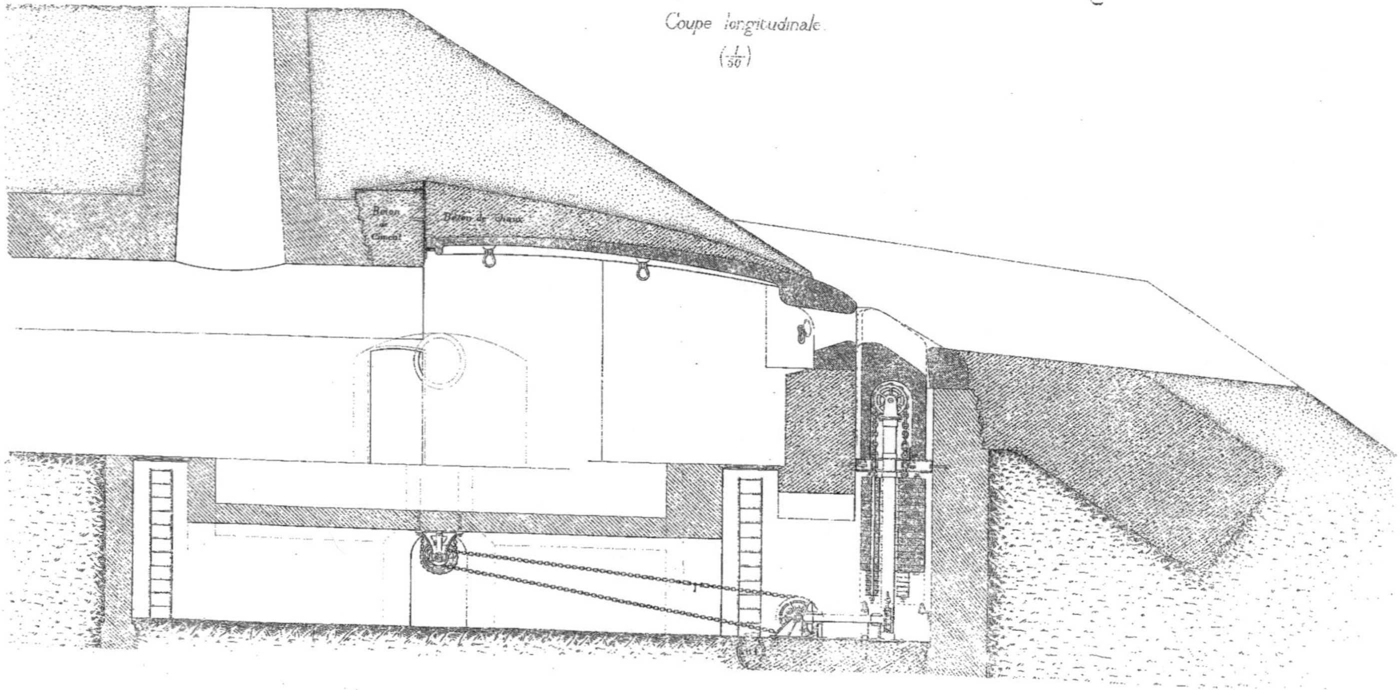

Beton de Ciment

Béton de chaux

Figures 2. (suite)

Coupe transversale (1/50)

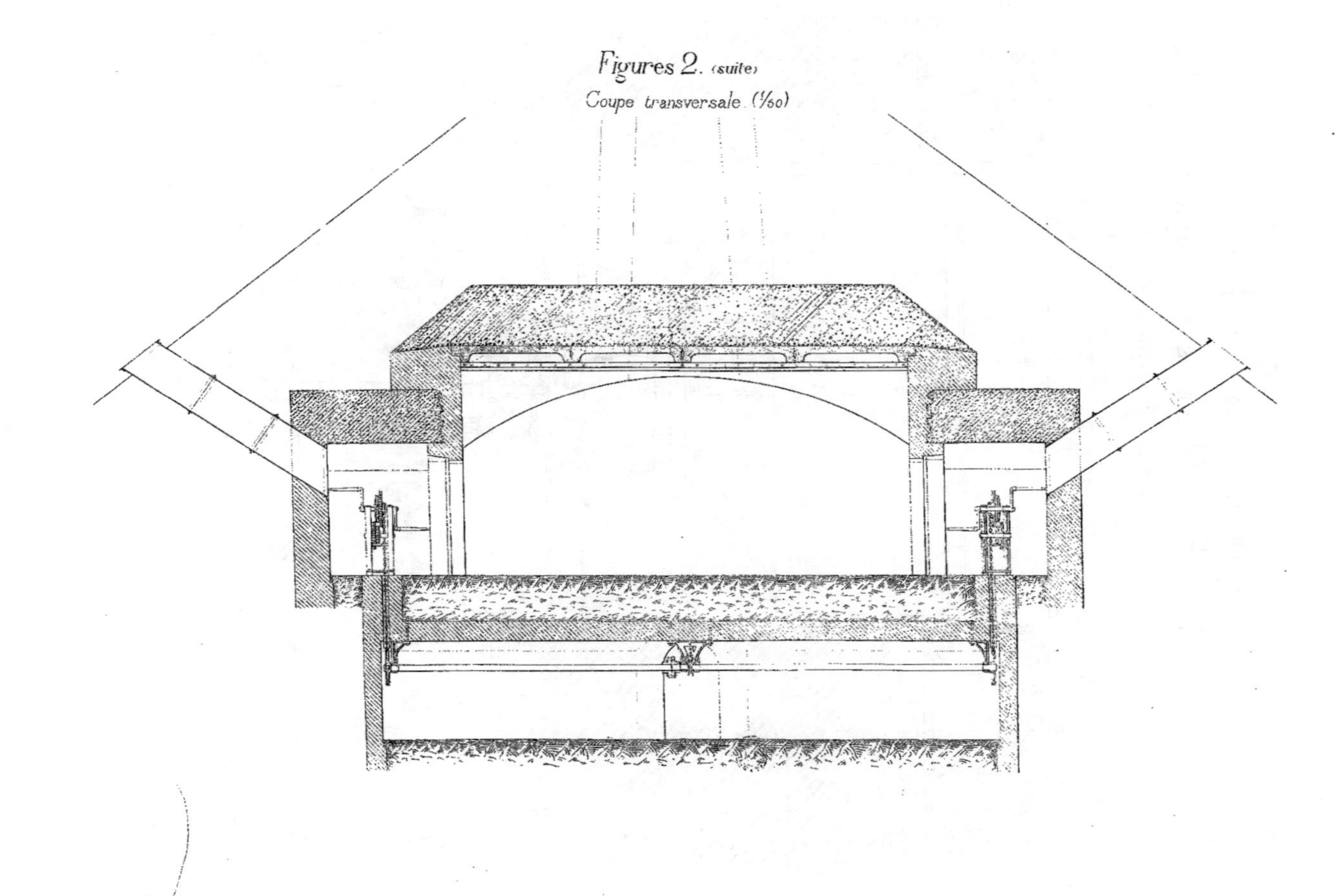

Tourelle à éclipse

manoeuvrable à bras d'hommes, du Capitaine Galopin.

Figure schématique à 1/50.

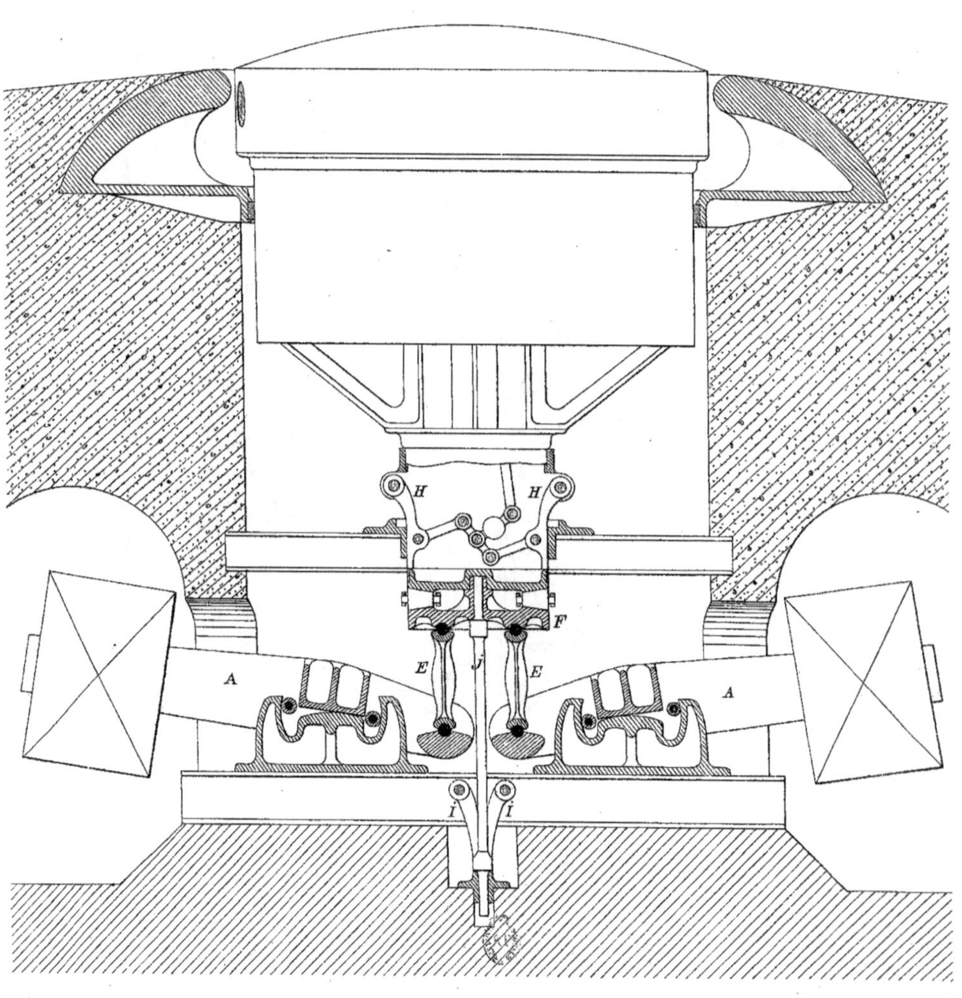

Figures 5.

Tourelle française de St-Chamond, en fer laminé.

Type expérimenté à Bucharest. ($\frac{1}{50}$)

Coupe verticale par l'axe des canons.

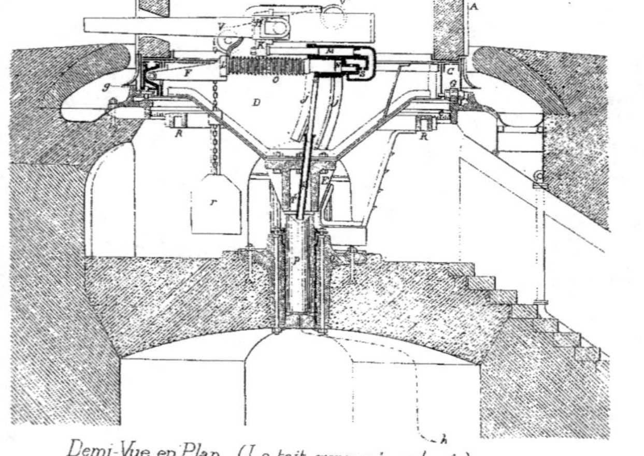

Demi-coupe transversale — *Demi-Élévation.*

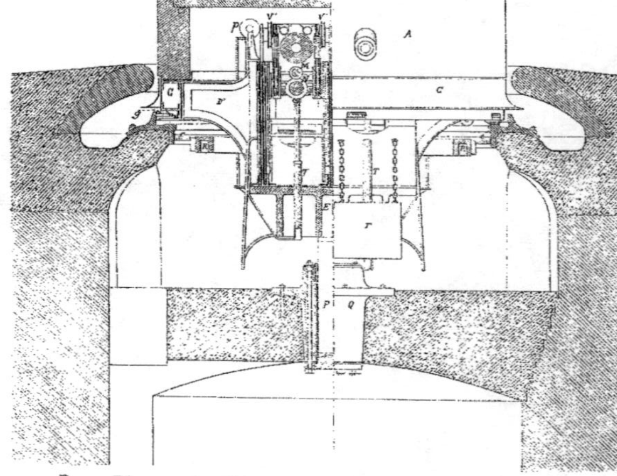

Demi-Vue en Plan. (Le toit supposé enlevé.)

Demi-coupe horiz^le par l'axe des Freins

Demi-Plan de la Tôlerie. — *Demi-coupe horiz^le du Roulement.*

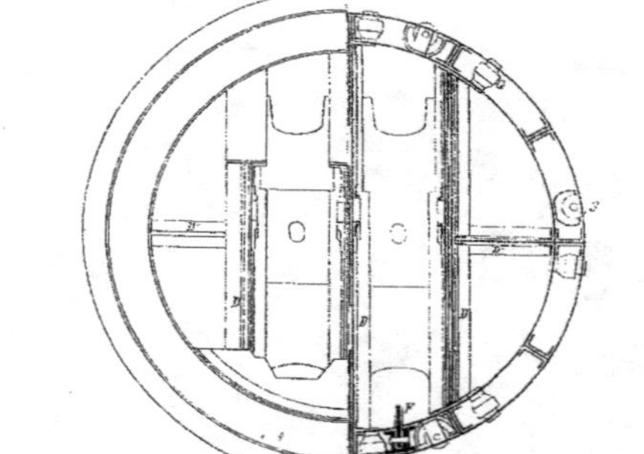

Figures 5 bis.

Tourelle tournante de St-Chamond, en fer laminé.

Type présenté après les expériences de Bucharest.

$(\frac{1}{50})$

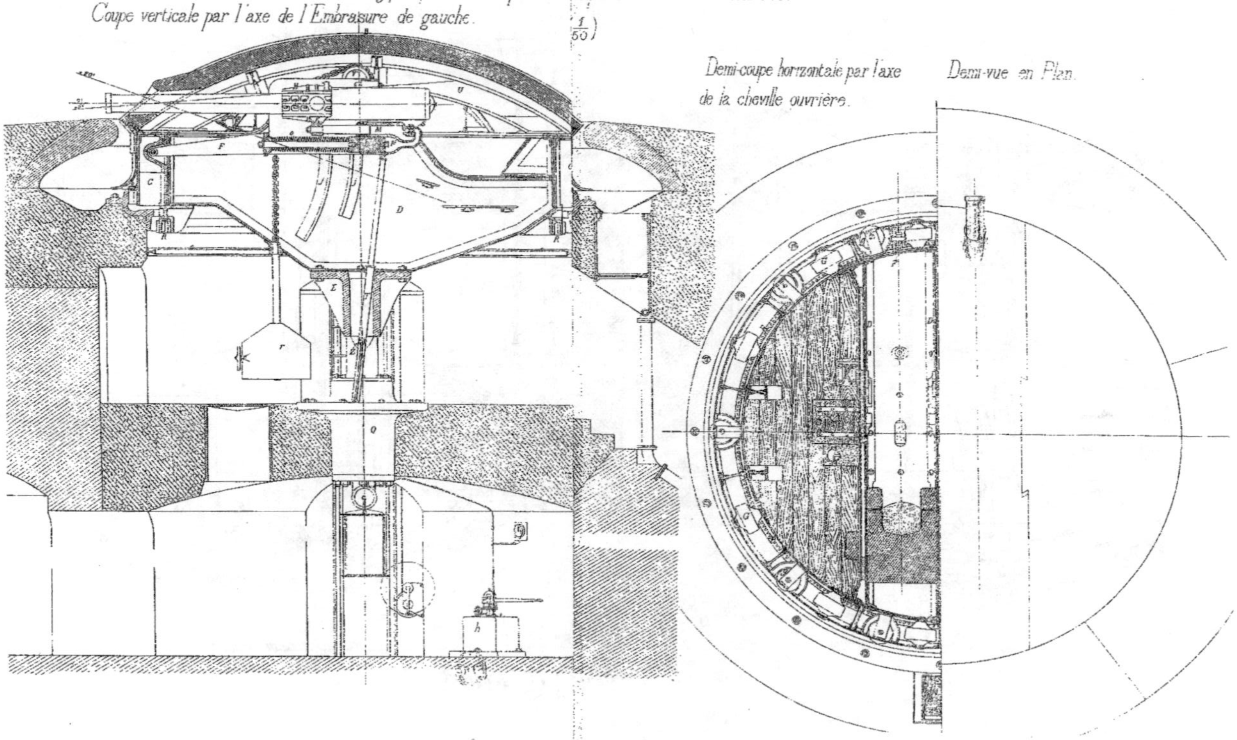

Coupe verticale par l'axe de l'Embrasure de gauche.

Demi-coupe horizontale par l'axe de la cheville ouvrière.

Demi-vue en Plan.

Figures 5 bis (suite)

Coupe transversale.

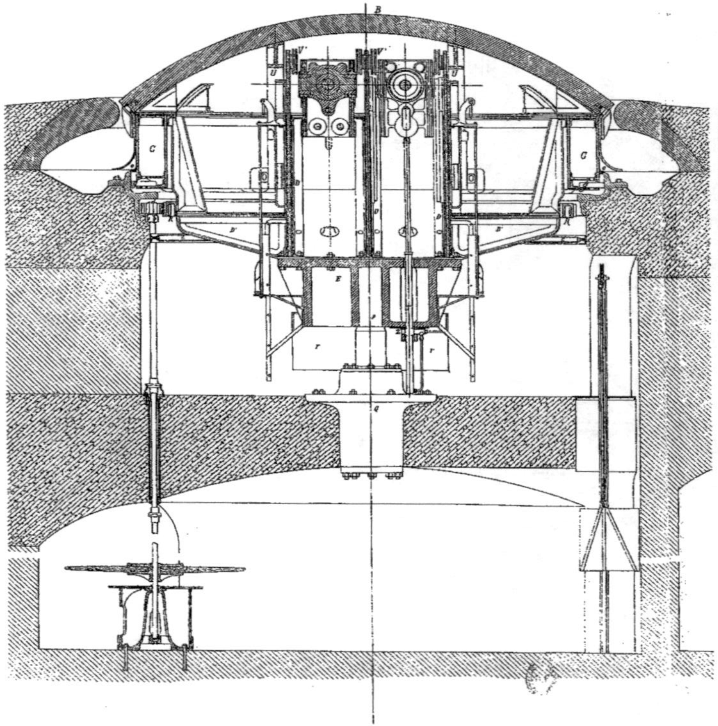

Coupe longitudinale.

(Le panneau du milieu étant supposé enlevé.)

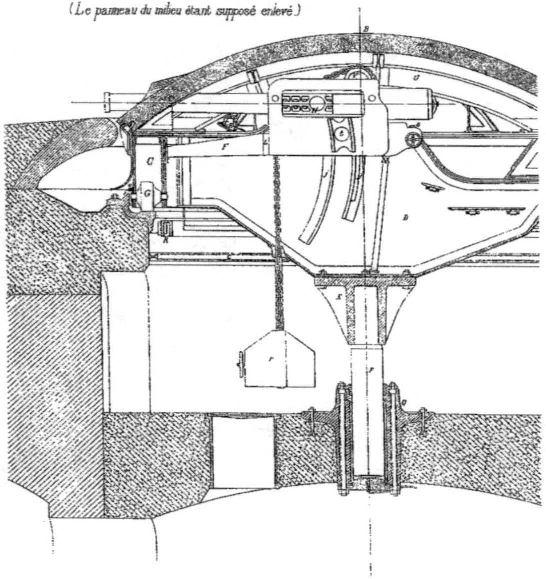

Nota: L'Echelle de ces figures n'est pas exactement de $\frac{1}{50}$.

Figures 5bis. (suite)

Détails d'organisation des Maçonneries. (1/200)

Coupe verticale suivant AB.

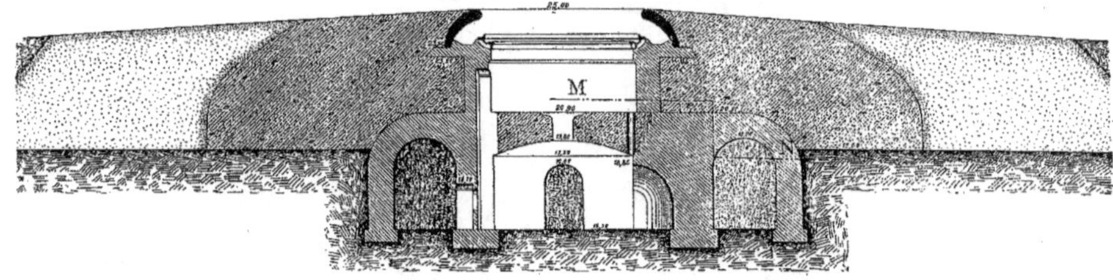

Coupe verticale suivant CD.

Coupe verticale suiv.t GH. Coupe verticale suiv.t EF.

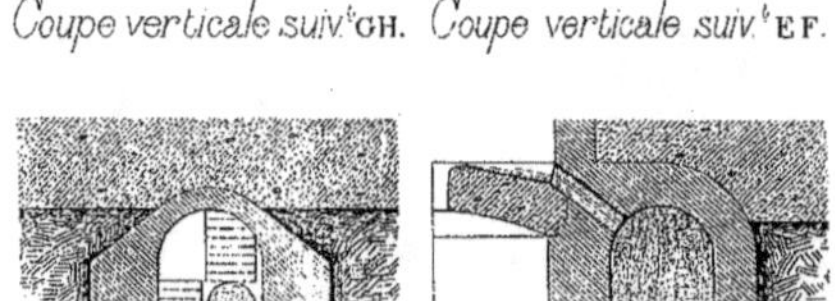

Coupe horizontale suivant KL.

Coupe horizontale suivant MN.

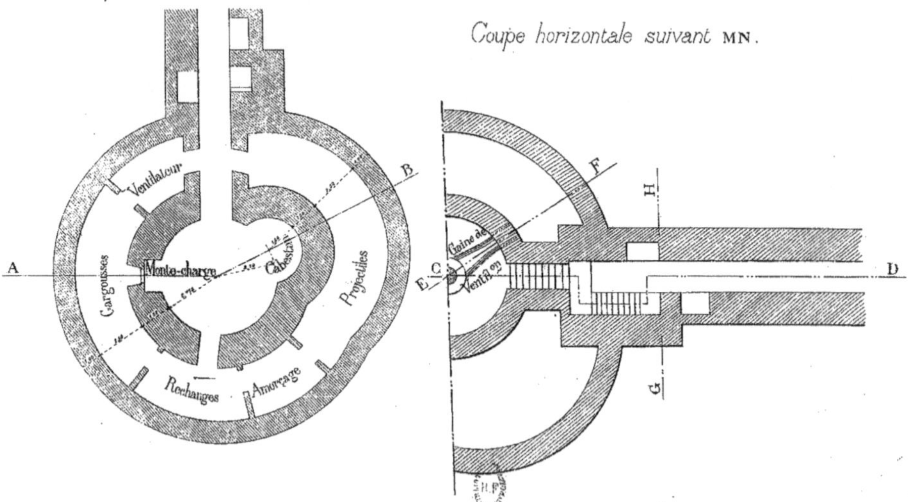

Figures 6.

Coupole allemande "Grüson", (fer laminé et métal mixte)

dite "Affût cuirassé Schumann."

Coupe ab.

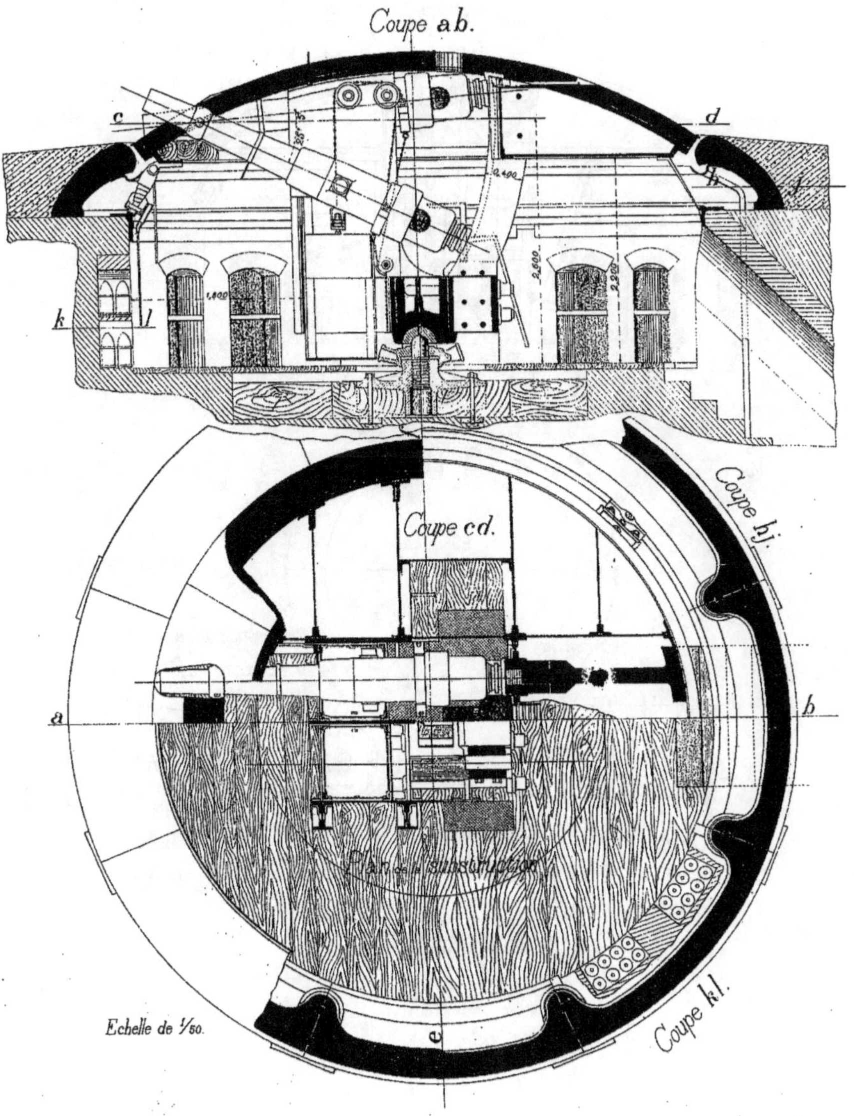

Figures 6. (suite)

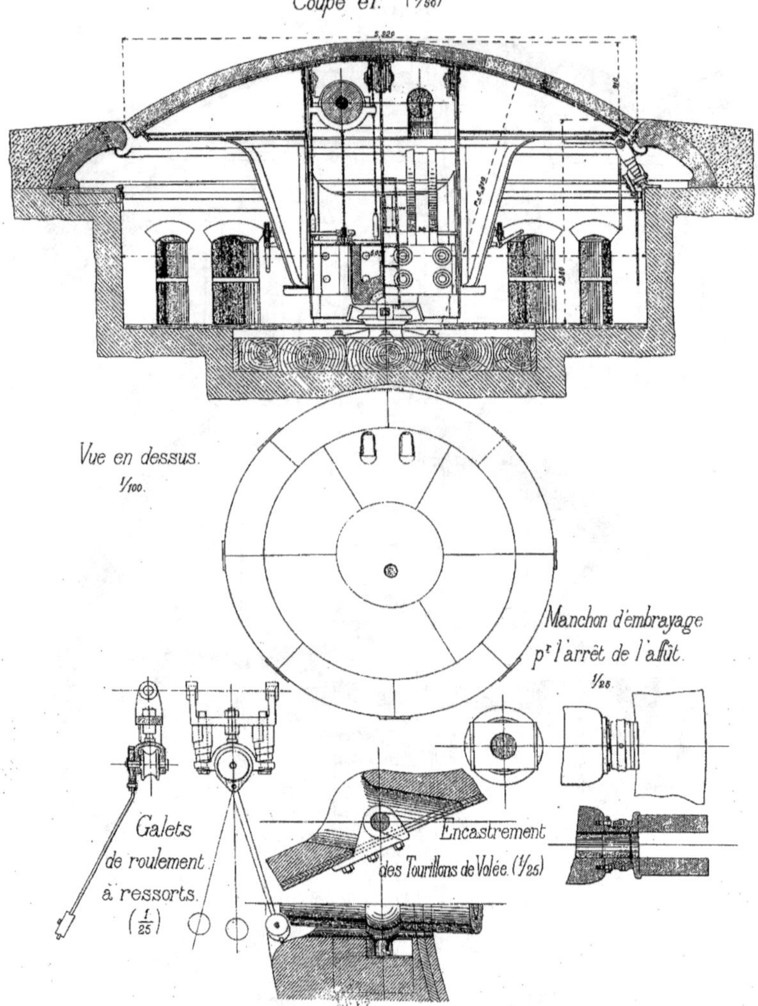

Figure 7.

Tourelle à Eclipse pour Canons de gros calibre.

(Type du Lieut.^t-Col.^el du Génie Bussière.) (1)

Tourelle éclipsée. (1/50)

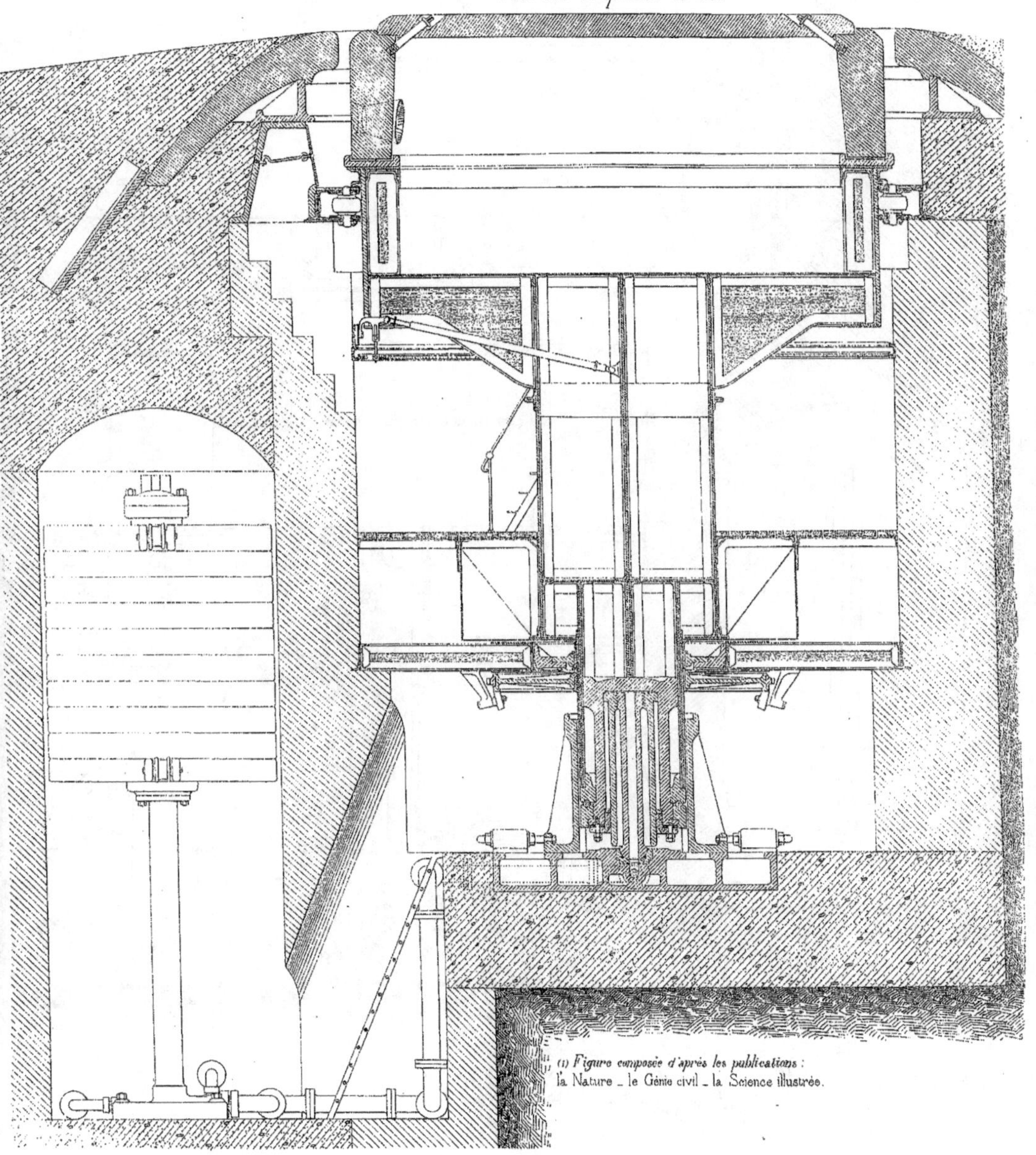

(1) *Figure composée d'après les publications :*
la Nature _ le Génie civil _ la Science illustrée.

Figure 7. (suite)

(1/30)

Tourelle en Batterie.

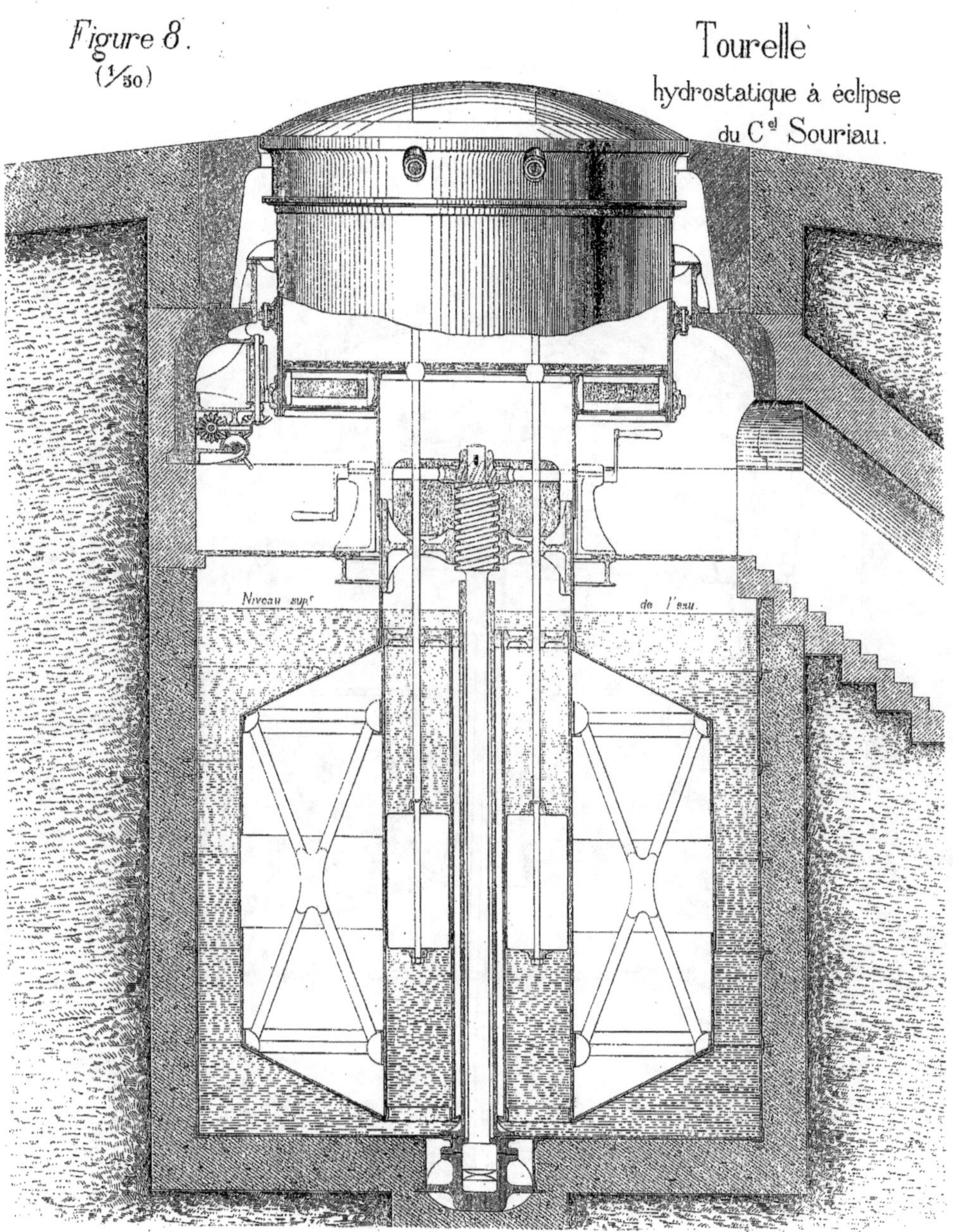

Figure 8.
(1/50)

Tourelle
hydrostatique à éclipse
du Cel Souriau.

Figure 9.

Tourelle oscillante.

(1er Type présenté en 1888 par Mr le Ct Mougin.)

Coupe verticale par l'axe de l'Embrasure de gauche. (1/30)

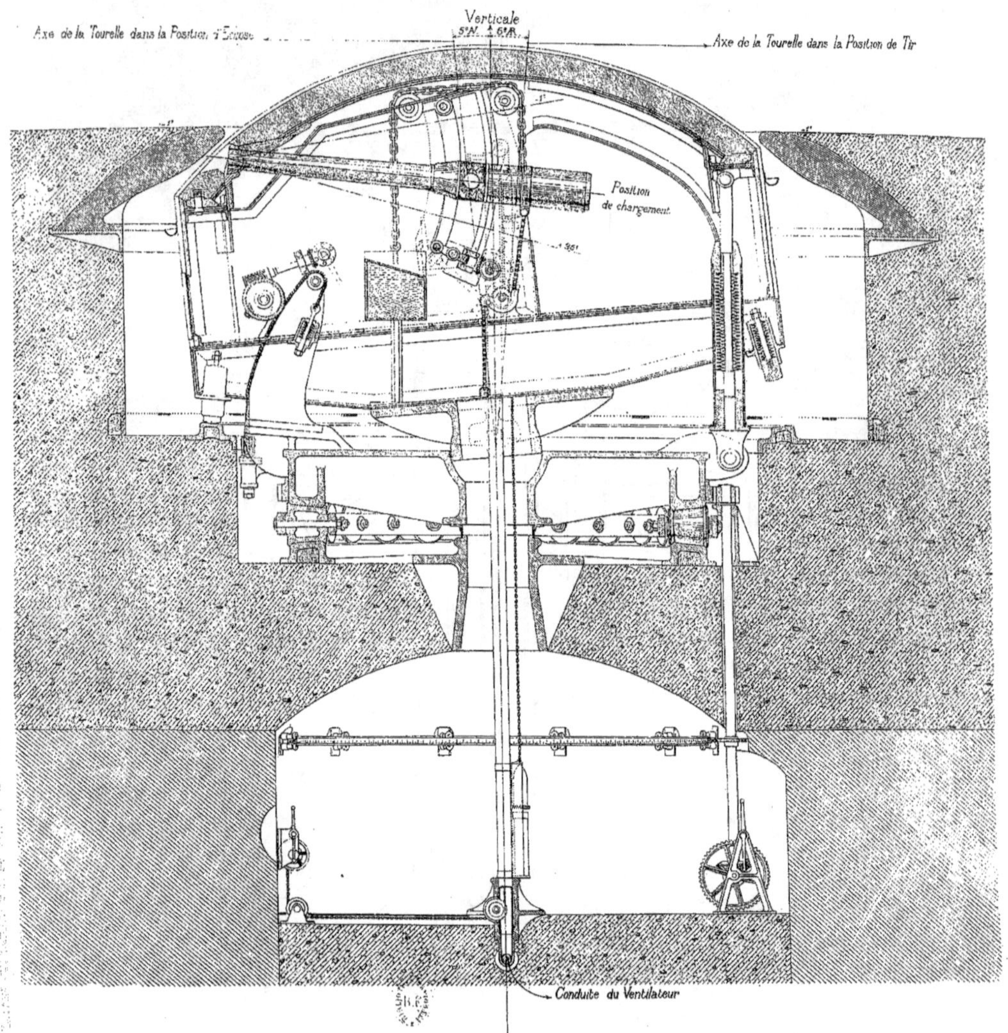

Figure 10.

Abri cuirassé du Major "Schumann" pour mortier de gros calibre.

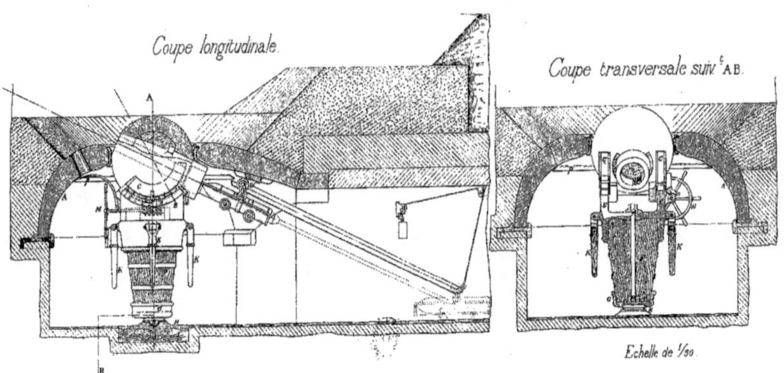

Figure 11.

Tourelle à éclipse

pour Canons de petit calibre à Tir rapide.

Coupe verticale suivant l'axe des Appareils de Rotation et de Soulèvement. (1/60)

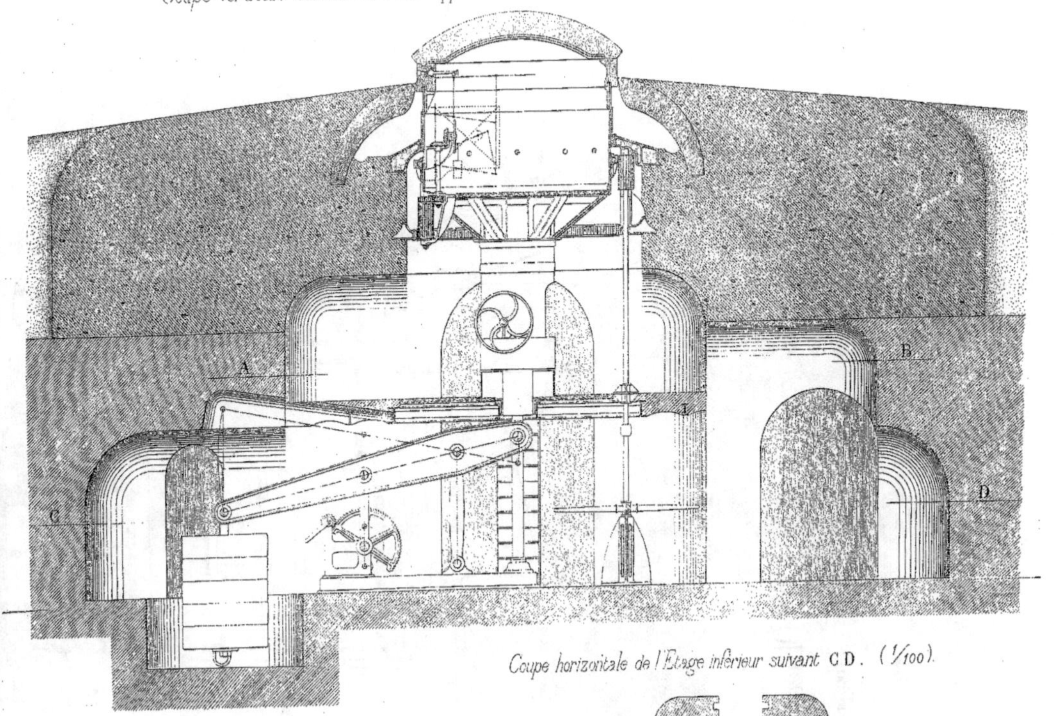

Coupe horizontale de l'Etage inférieur suivant C D. (1/100).

Coupe horizontale de l'Etage supérieur suivant A B. (1/100)

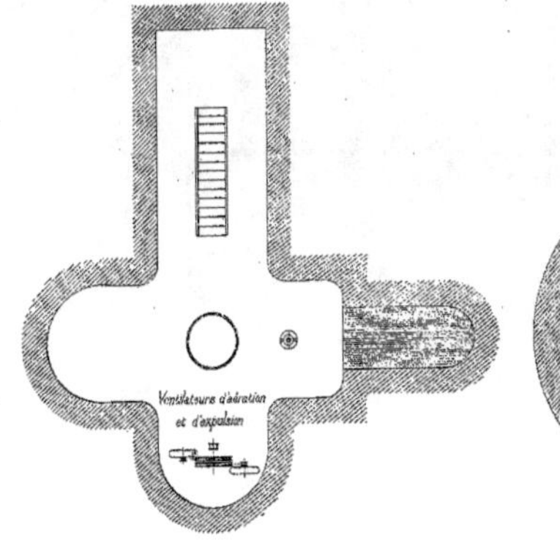

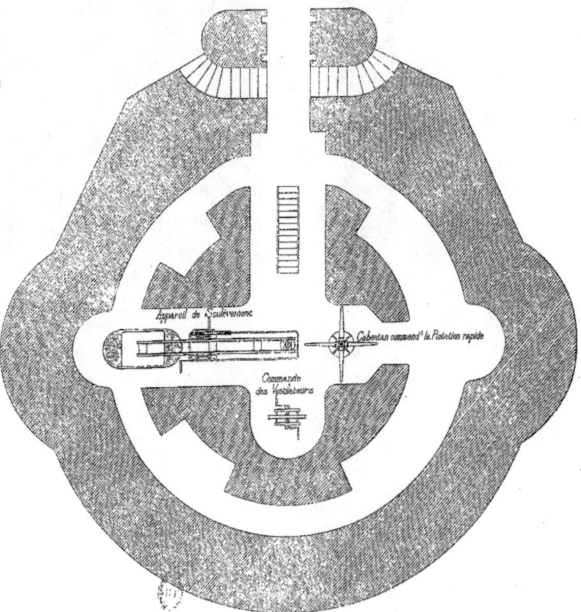

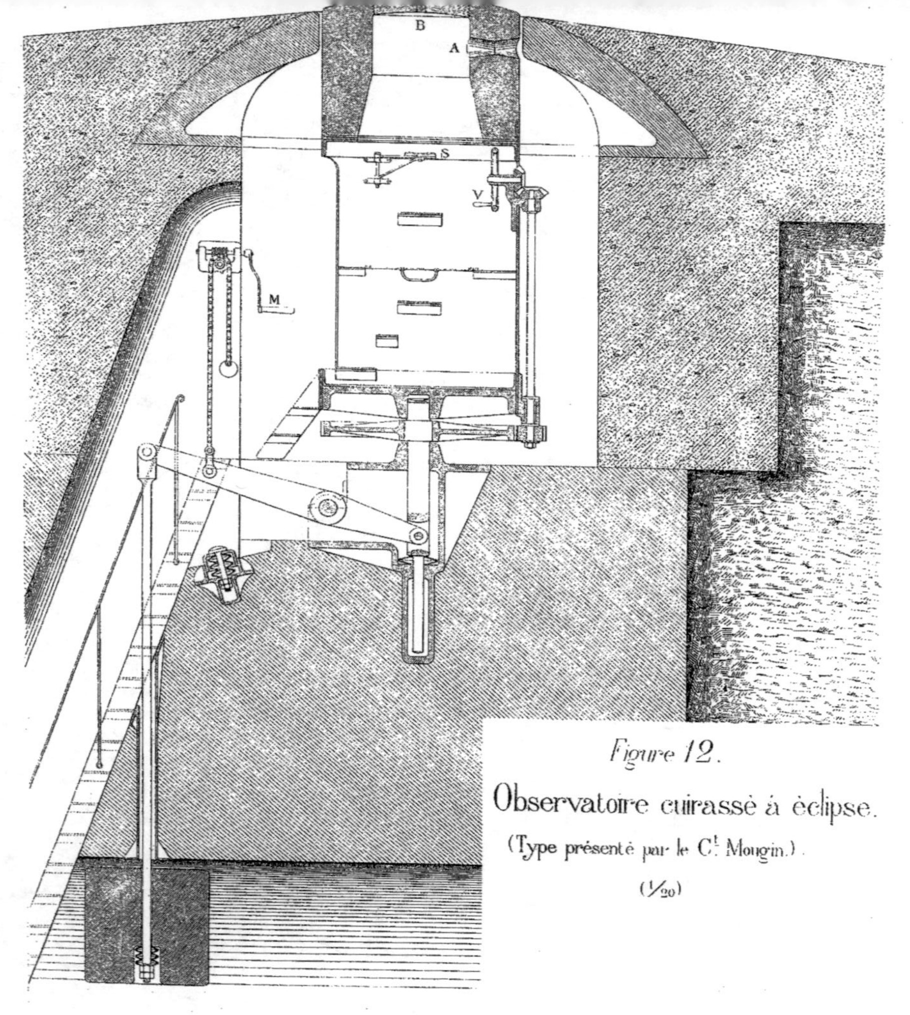

Figure 12.

Observatoire cuirassé à éclipse.

(Type présenté par le Ct. Mougin.)

(1/20)

Figures 13.

Tourelle transportable

pour Pièce légère à Tir rapide.

(1/20)

Coupe verticale de la Tourelle en batterie.

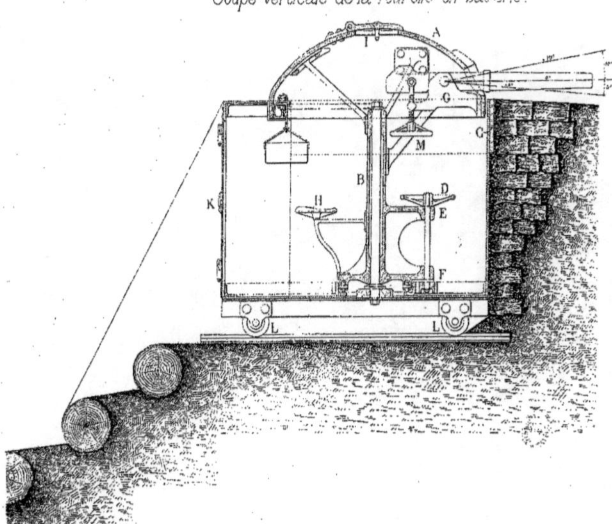

Tourelle disposée pour le transport.

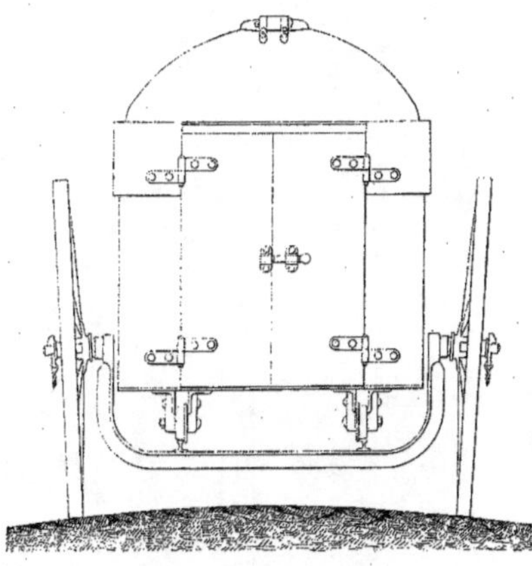

Tourelle attelée (1/200)

Tourelles disposées dans un retranchement. (1/200)

Détails d'organisation

des Eléments

des Tourelles cuirassées

pour Canons de gros calibre.

PLANCHE A.

Figures a à l.

Echelle unique : 1/20.

Figure a.

Couronne en acier supportant la calotte.

Galets de roulement coniques et indépendants.

1/20

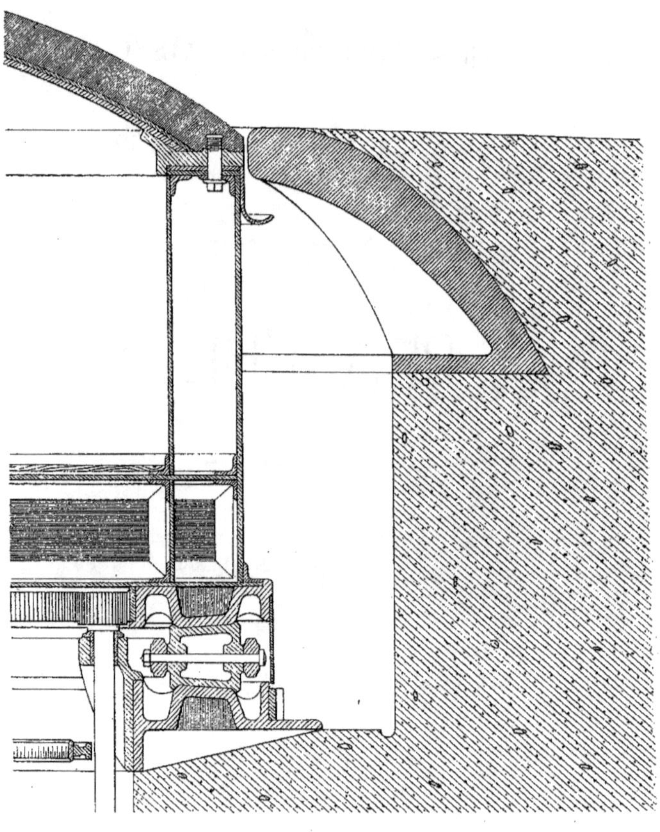

Figure **b.**

Cornière à talon réunissant la Calotte au Caisson cylindrique.

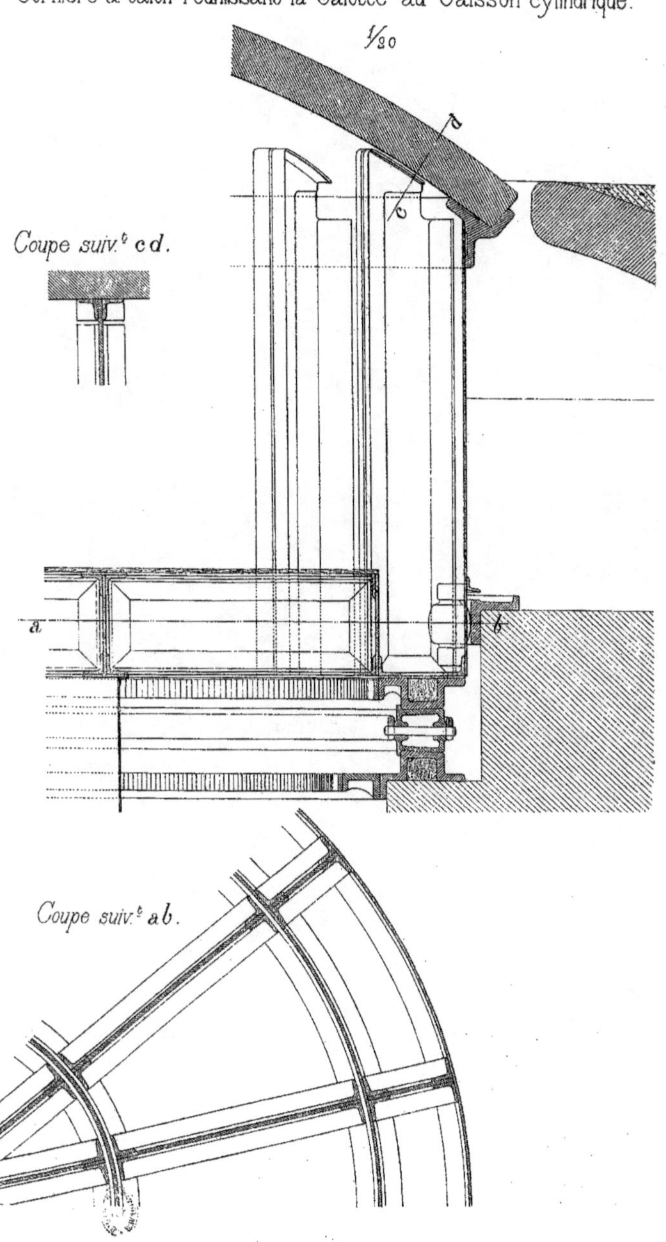

Figure e.

Fers à I supportant les joints de la toiture.

Couvre-joint circulaire en caoutchouc du caisson cylindrique.

1/20.

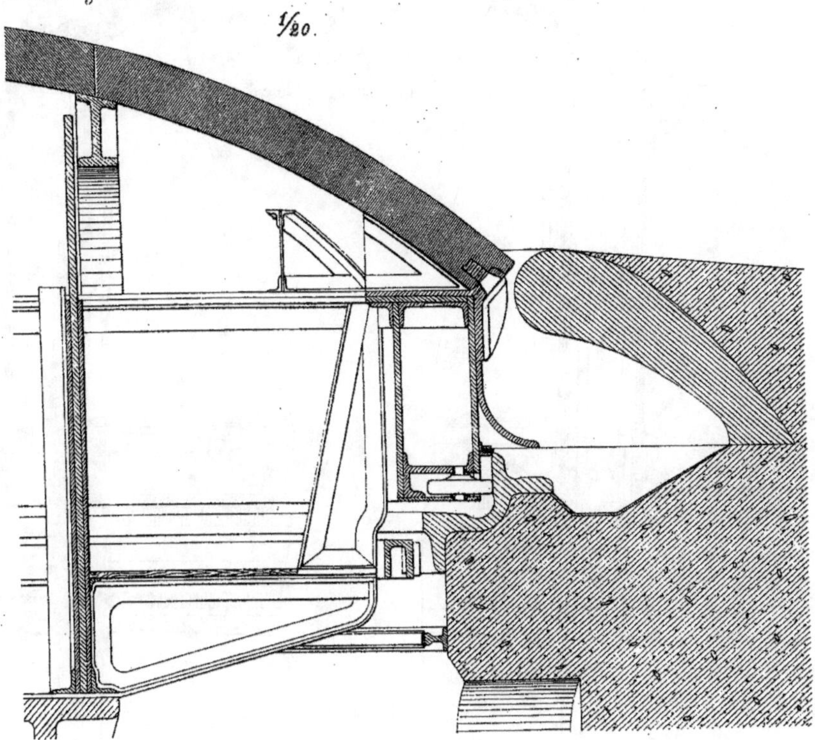

Figure f.

Couvre-joint en Tôle.

1/20

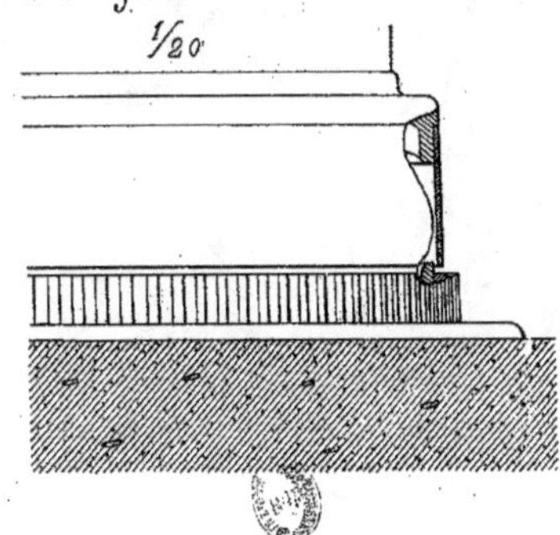

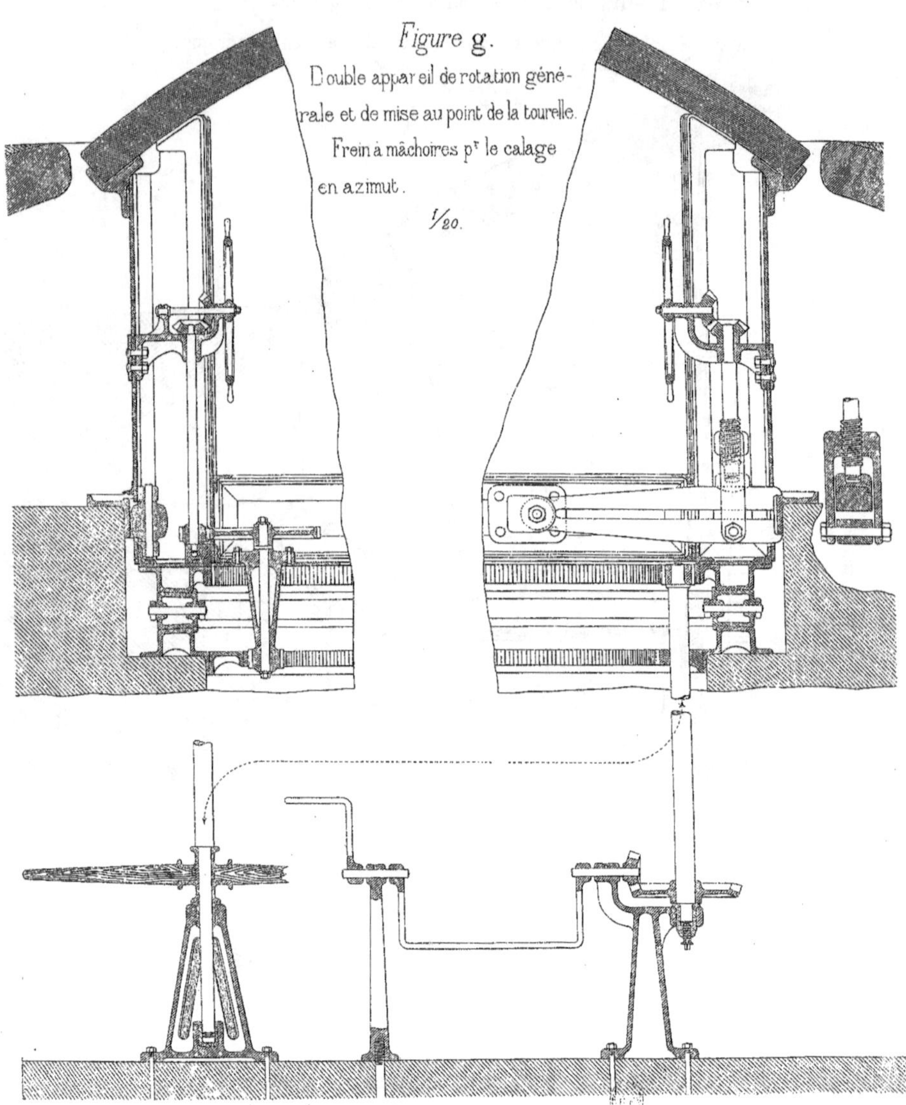

Figure g.

Double appareil de rotation générale et de mise au point de la tourelle. Frein à mâchoires p^r le calage en azimut.

1/20.

Figure 9:

Appareil unique de rotation commandé de l'int.r de la tourelle.

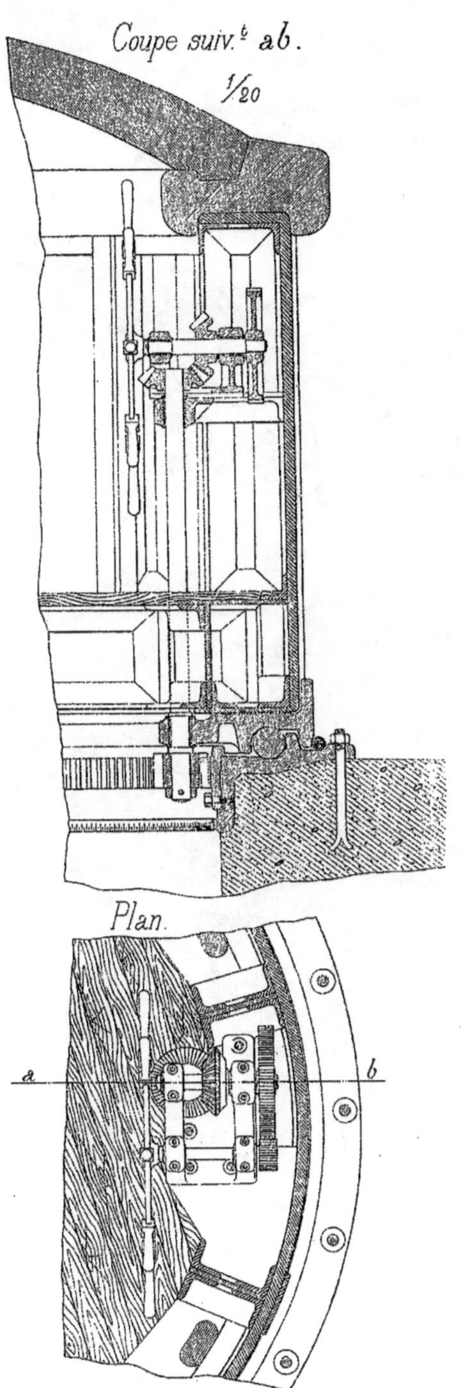

Figure h.

Tourelle armée de Canons sans recul.

Obturateur d'embrasure.

(Type Krupp).

1/20

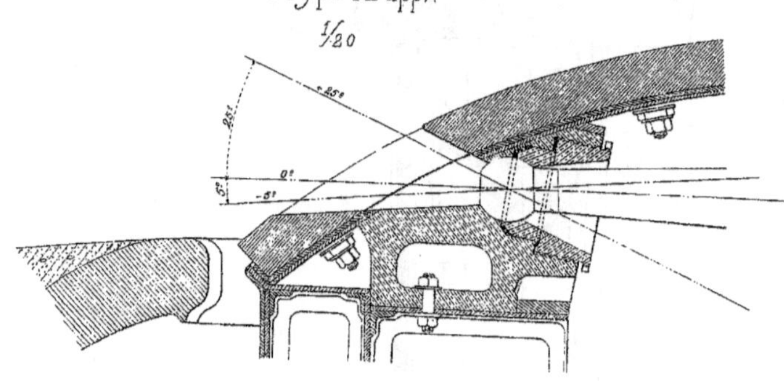

Figure h'.

Tourelle oscillante de St-Chamond armée de Canons sans recul.

Obturateur d'embrasure.

1/20

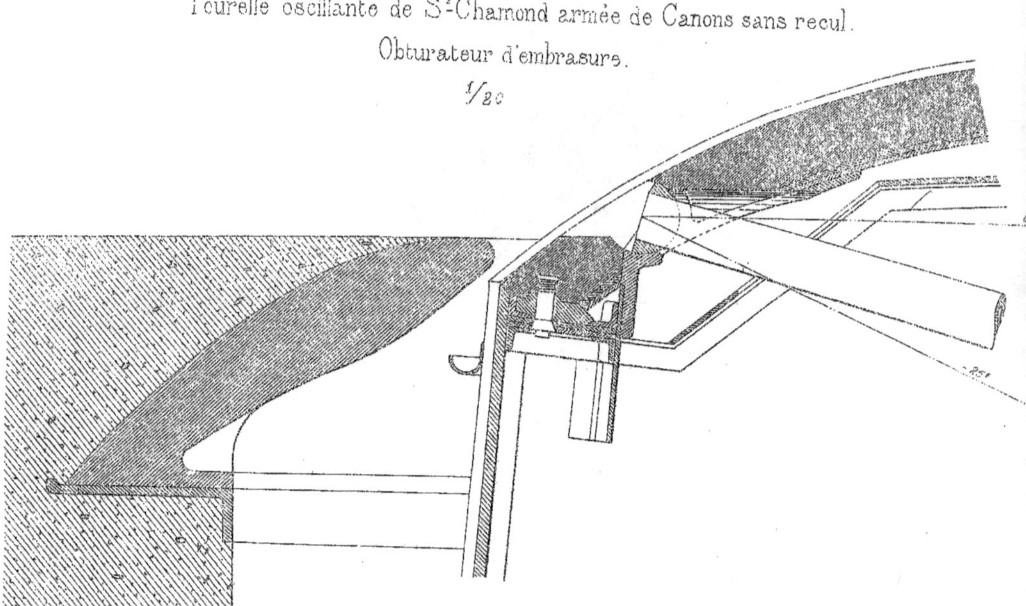

Figure k.

Tourelle armée de Canons avec recul.

Obturateur d'embrasure indépendant.

(Type de St Chamond)

1/20.

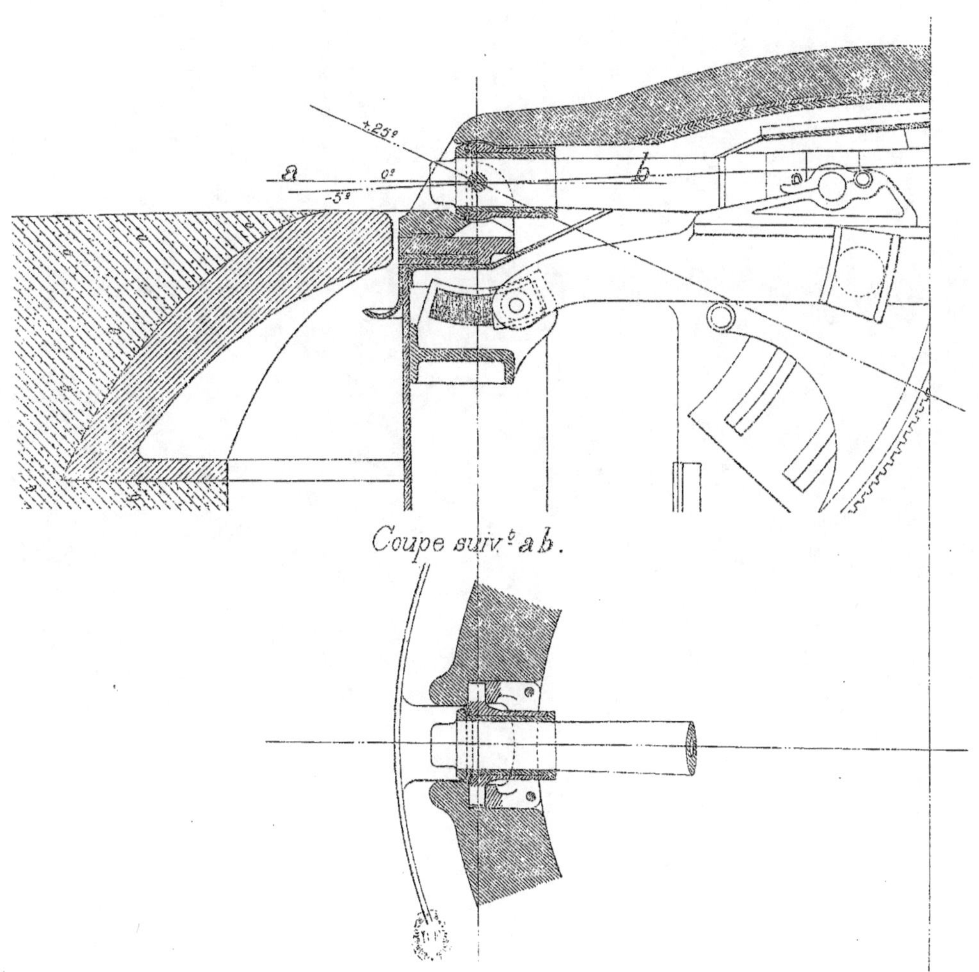

Coupe suiv^t a b.

Figure 1.

Tourelle armée de Canons avec recul.

Obturateur d'embrasure indépendant.

(Type de Montluçon)

1/20.

Coupe suiv.t ab.

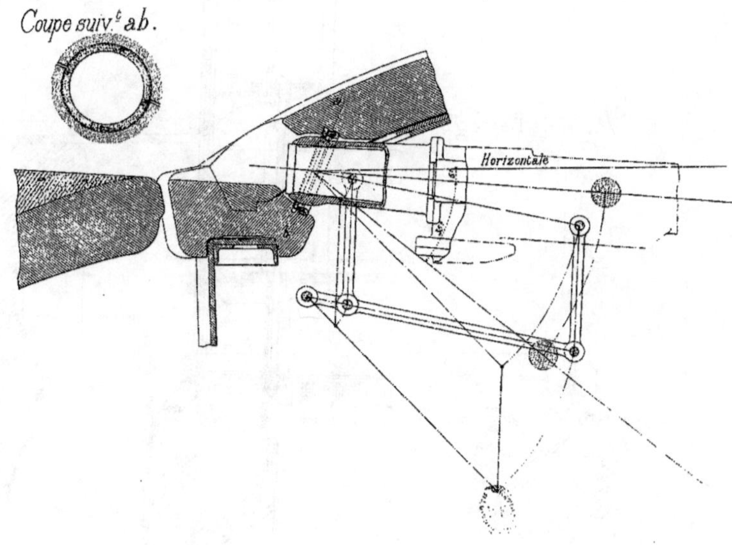

Figure c.

Calotte reposant sur une sablière en acier._ Roulement sur boulets en acier._ Frein à sabot p.r le calage en azimut._ Couvre-joint circulaire en chanvre du caisson cylindrique._ Trou d'homme débouchant dans le chenal, sous l'avant-cuirasse.

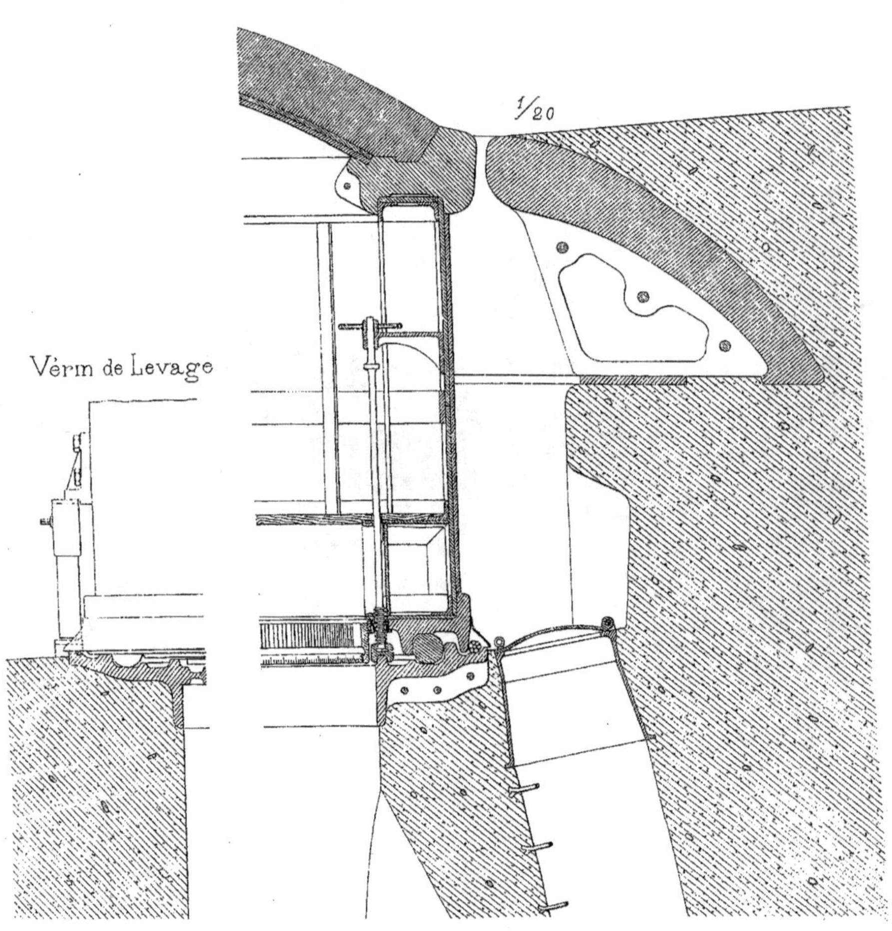

Figure **d**.

Profil du cuirassement mobile d'une tourelle à éclipse.

1/20

Figure **d'**.

Autre profil.

Figures 2. (suite)

Coupe horizontale: (1/50)

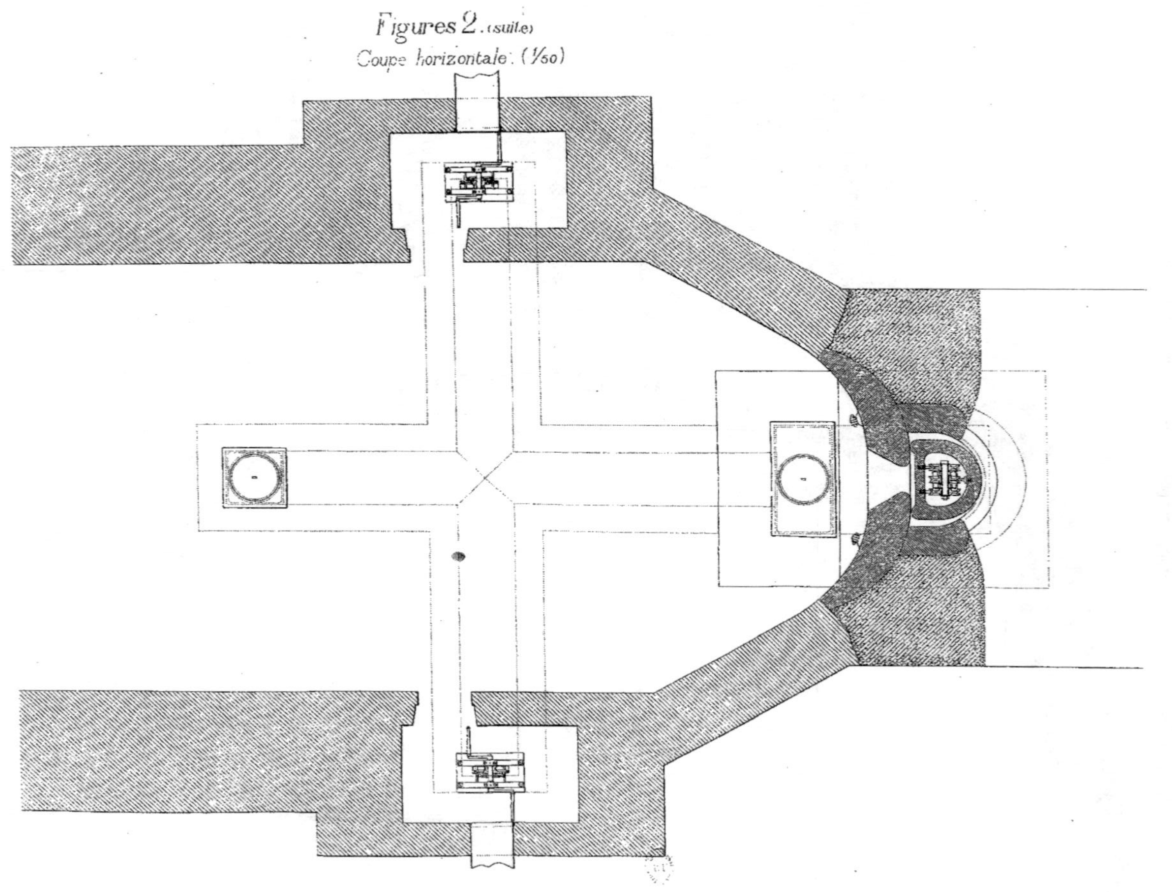

Figures 2. (suite)

Détails de la Manœuvre du Verrou. (1/50).

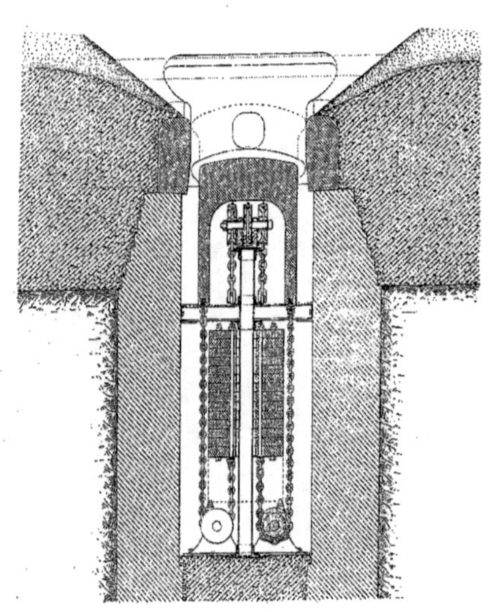

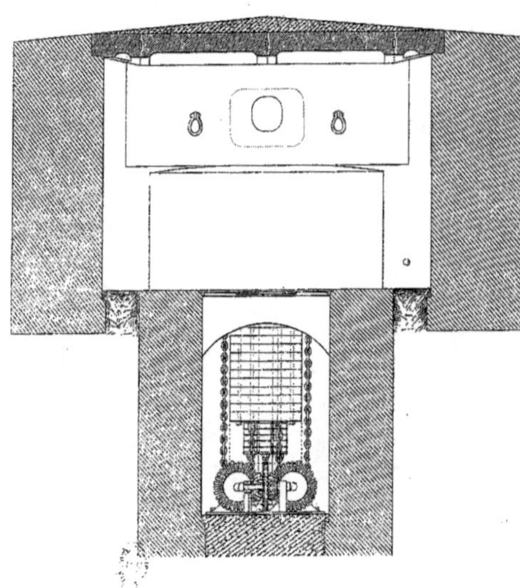

Figures 3.

Tourelle française en fonte dure.

Coupe verticale par l'axe de la chambre de manœuvre. $\left(\frac{1}{50}\right)$.

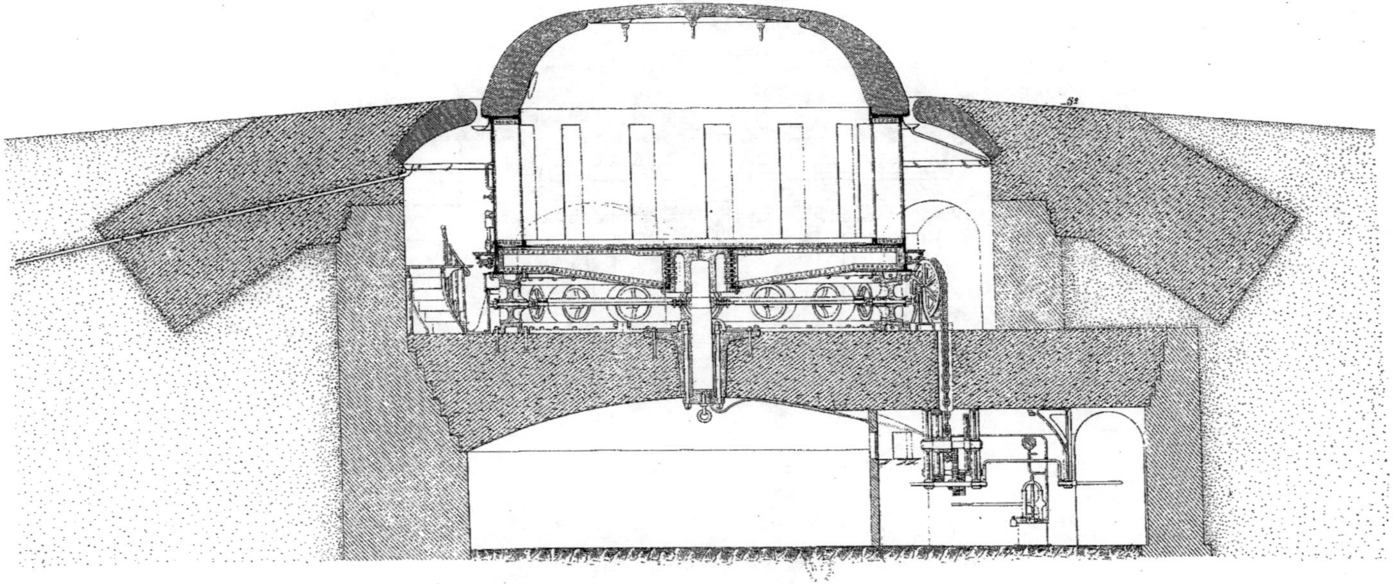

Figures 3. (suite).

Tourelle française en fonte dure.

Coupe de l'escalier et élévation extérieure de la tourelle. $\left(\frac{1}{50}\right)$.

(côté des panneaux mobiles).

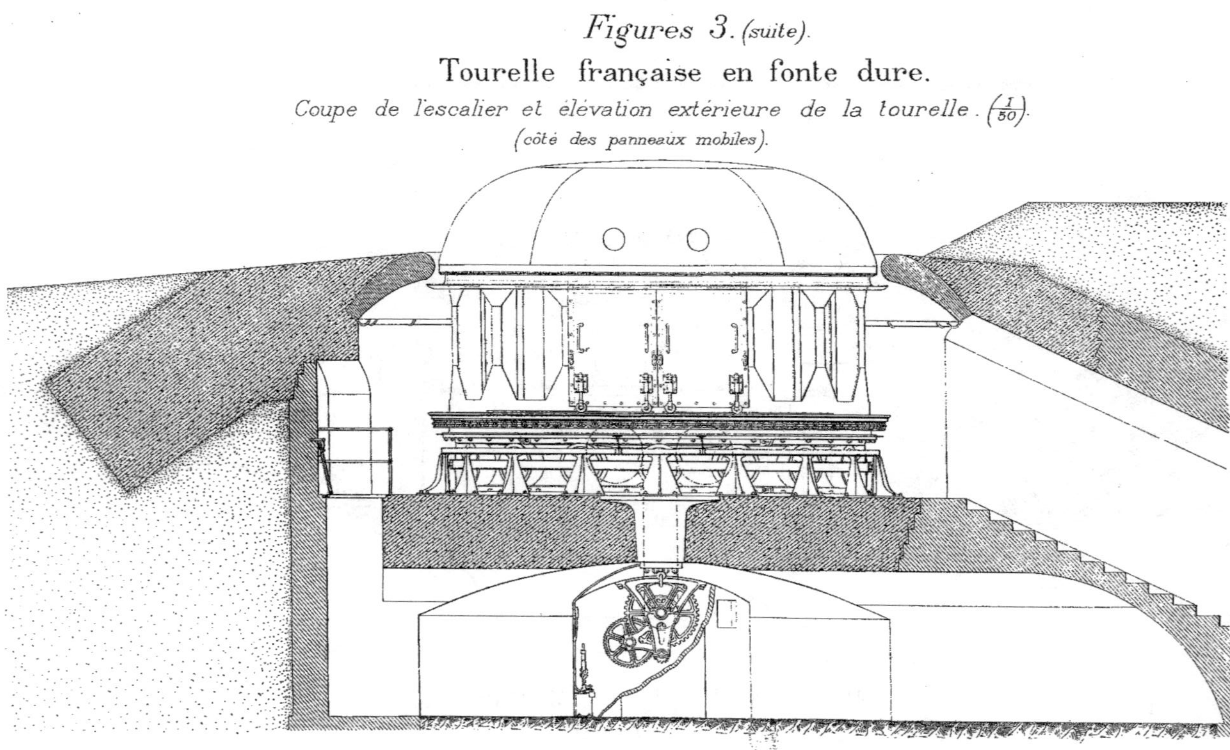

Figures 3. (suite).

Tourelle française en fonte dure.

Coupes horizontales $\left(\frac{1}{50}\right)$.

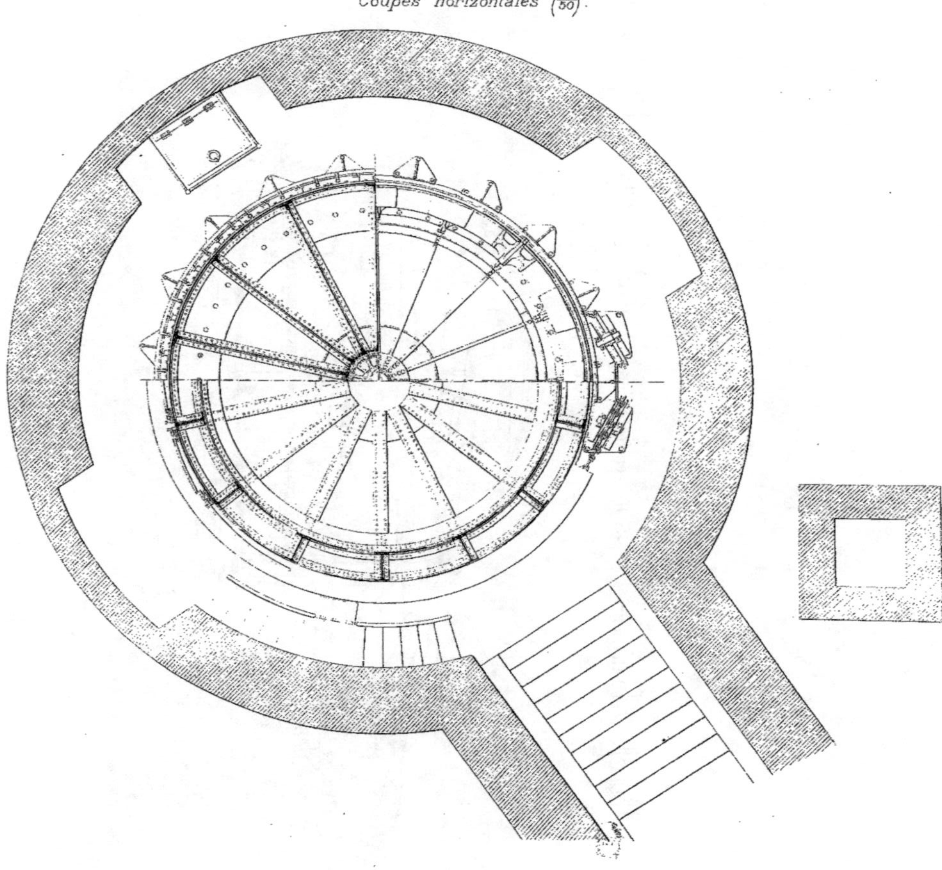

Figures 4.

Tourelle allemande "Grüson", en fonte dure, pour 2 Canons de 15 c/m. lourds. (1/50)

Coupe verticale entre les deux canons

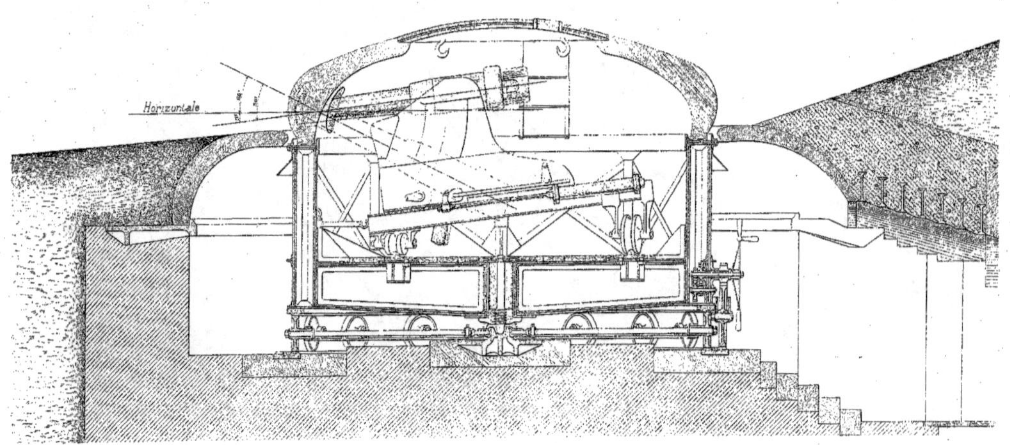

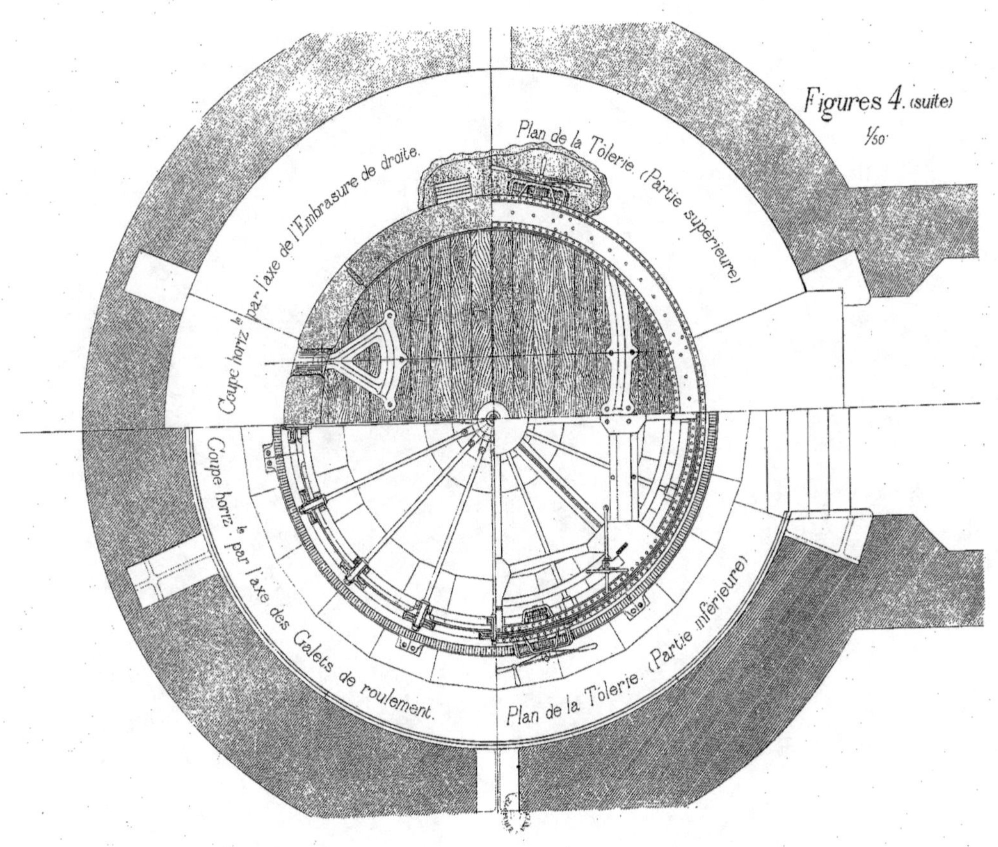
Figures 4. (suite)
1/50
Plan de la Tôlerie. (Partie supérieure)
Coupe horiz.le par l'axe de l'Embrasure de droite.
Coupe horiz.le par l'axe des Galets de roulement.
Plan de la Tôlerie. (Partie inférieure)

www.ingramcontent.com/pod-product-compliance
Lightning Source LLC
LaVergne TN
LVHW021716230826
846091LV00006BA/2192
* 9 7 8 2 0 1 3 4 5 1 6 9 7 *